BEI GRIN MACHT SICH IHR WISSEN BEZAHLT

Text-zu-Bild-Generatoren wie DALL-E 2. Einsatz, Risiken und Systemgrenzen von "kreativer" künstlicher Intelligenz

Alexander Scharff

GRIN ☺

Bibliografische Information der Deutschen Nationalbibliothek:

Die Deutsche Nationalbibliothek verzeichnet diese Publikation in der Deutschen Nationalbibliografie; detaillierte bibliografische Daten sind im Internet über http://dnb.d-nb.de abrufbar.

ISBN: 9783346752086
Dieses Buch ist auch als E-Book erhältlich.

© GRIN Publishing GmbH
Nymphenburger Straße 86
80636 München

Druck und Bindung: Books on Demand GmbH, Norderstedt Germany
Gedruckt auf säurefreiem Papier aus verantwortungsvollen Quellen

Das vorliegende Werk wurde sorgfältig erarbeitet. Dennoch übernehmen Autoren und Verlag für die Richtigkeit von Angaben, Hinweisen, Links und Ratschlägen sowie eventuelle Druckfehler keine Haftung.

Das Buch bei GRIN: https://www.grin.com/document/1290289

FOM Hochschule für Ökonomie & Management

Standort Düsseldorf

Studiengang Master of Science Marketing & Communications

Sommersemester 2022

Hausarbeit im Modul „Electronic Business"

Thema

Bildgenerierende „kreative" künstliche Intelligenz

Einsatz, Risiken und Systemgrenzen von Text-zu-Bild-Generatoren am Beispiel von DALL-E 2

Autor: Alexander Scharff

Datum: 31. August 2022

Inhalt

Abbildungsverzeichnis

Tabellenverzeichnis

1. Einleitung

Menschen haben ein starkes visuelles Vorstellungsvermögen. Wenn Menschen über sensorische Charakteristiken nachdenken, vermitteln sie sie sich selbst über Bilder, die sie sich in ihrem Bewusstsein vorstellen[1]. Dieses Vorstellungsvermögen spielt eine wichtige Rolle dabei, Erinnerungen zu verarbeiten und Zusammenhänge herzustellen[2]. Bildverarbeitungstechnologien, die in Computerspielen oder Anwendungen wie Photoshop eingesetzt werden, haben in den letzten Jahren stark von der Maschine-Learning-Technologie profitiert. Einer der neuen Felder ist die Synthese von Bildmaterial durch Text-zu-Bild-Generatoren[3]. Die Grundlagen hierfür legten Godfellow et al. 2014, indem sie neuralen Netzwerken beibrachten, sich selbst zu trainieren. Dafür trainierten sie zwei Modelle. Beide Modelle wurden mit Bildern aus einem Datensatz trainiert. Allerdings sollte das erste Modell, das *Generative Model*, daraus neue Bilder kreieren und das zweite Modell, das *Discriminative Model*, feststellen, ob das erste Modell die Bilder aus dem Datensatz nur kopiert oder tatsächlich ein neues Bild generiert hat. Im statistisch besten Sinne gab das zweite Modell die Wahrscheinlichkeit, ob die Ausgabe ein neues Bild ist mit einem Koeffizienten an. So wurde der Weg zu einem Bildgenerator, der neue Bilder generiert, die es zuvor so noch nicht gegeben hatte, zu einem Spiel mit zwei Spielern[4]. Durch das Pingpong zwischen Generator und Diskriminator gelang es den Forschern den Generator dazu zu bewegen, neue Bilder auszugeben. Dieser Ansatz wurde zu verschiedenen Applikationen weiterentwickelt, etwa Image-Super-Resolution (Hochrechnen von Bildern in niedrigerer Auflösung zu einer höheren Auflösung, kommerzielles Beispiel: Gigapixel AI[5]) unter Wiederherstellung von Details[6], Synthese von menschlichen Gesichtern zum Training von Gesichtserkennungssystemen[7] oder zum Zeichnen von digitaler Kunst.

Im Jahr 2022 veröffentlichten Zhu et al. ein Paper, indem sie ein Phased Bidrectional Generation Network vorstellten, mit dem deutlich höhere Auflösungen der

---

[1] Vgl. Pearson (2019, S. 624).
[2] Vgl. Pearson (2019, S. 624).
[3] Vgl. Frolov, Hinz, Raue, Hees & Dengel (2021, S. 188).
[4] Vgl. Goodfellow et al. (2014, S. 1).
[5] Vgl. Gigapixel AI (o.J.).
[6] Vgl. Ledig et al. (2017S. 4688).
[7] Vgl. Mokhayeri, Kamali & Granger (2020, S. 248).

Bildgenerierung möglich sind als in den bisherigen Modellen, die häufig nur Auflösungen von 256 · 256 Pixeln schafften[8]. Im selben Jahr wurden erstmals die Text-zu-Bild-Generatoren DALL-E 2 (1024 · 1024 Pixel) und Midjourney (bis zu 8K) einer breiteren Öffentlichkeit zugänglich gemacht. Bis dato wurden nur untrainierte Generatoren mit niedriger Auflösung veröffentlicht.

Laut einer Projektion der Marktforschungsfirma IDC aus dem Jahr 2022 werden Anwendungen für künstliche Intelligenz, wie die Bildgenerierung, immer konkreter. Der Markt für KI-Anwendungen im B2B-Bereich könnte laut dieser Vorhersage ein Volumen von 1,5 Billionen US-Dollar im Jahr 2030 ausmachen[9].

Abbildung 1 zeigt exemplarisch für diese Einleitung ein Bild, welches über die Texteingabe (auch Prompt genannt) *cat working on an ancient computer, digital art*, mit dem Text-zu-Bild-Generator DALL-E 2 synthetisiert wurde.

Abbildung 1: cat working on an ancient computer, digital art – generiert mit DAL-E 2

2. Fragestellung, Ziele und Methodik der Arbeit

In dieser Hausarbeit wird die Frage erläutert, welche Faktoren für den Erfolg und die Qualität eines Text-zu-Bild-Generators verantwortlich sind. Welche technischen Voraussetzungen muss ein neurales Modell erfüllen, wie ist der Stand der aktuellen Entwicklung und wo liegen die Grenzen? Zur Beantwortung dieser Fragestellung wird im Rahmen der Arbeit eine Literaturrecherche herangezogen. Außerdem wurde im Juni 2022 durch eine Einladung ein Zugang zum modernen Text-zu-Bild-Generator DALL-E 2 von Open AI erlangt, um eine stichprobenhafte Evaluation der Outputs

---

[8] Vgl. Zhu, Li, Wei & Ma (2022, S. 19).
[9] Vgl. IDC: The premier global market intelligence company (2022).

zu ermöglichen. Mithilfe der Literaturrecherche sowie Stichproben innerhalb von aktuellen Bildgeneratoren sollen folgende Hypothesen untersucht werden:

- H1: Aktuelle Text-zu-Bild-Generatoren sind in der Lage, Bilder in einer Qualität zu generieren, wie Menschen es in der Fotografie und der Bildkunst können.

- H2: Text-zu-Bild-Generatoren sind durch ihren Trainingsdatensatz begrenzt und können keine Werke erstellen, für die sie nicht mit genügend Referenzen trainiert wurden.

2.1. Recherche

Die Literaturrecherche wurde an der Universität Duisburg-Essen und an der FOM Hochschule, Standort Düsseldorf, durchgeführt. Dabei wurden folgende Literatur-Datenbanken genutzt:

- Google Scholar – scholar.google.com
- Web of Science – webofscience.com
- ScienceDirect – sciencedirect.com
- IEEE-Explore – ieeexplore.ieee.org
- Wiley Online Library – onlinelibrary.wiley.com
- Emerald Insights – emerald.com
- Taylor & Friends – tandfonline.com
- Springer-Link – link.springer.com

Zur Einarbeitung in das Thema wurde zunächst eine allgemeine Suche unter dem Namen des Generators DALL-E durchgeführt. Dabei stellte sich heraus, dass die Thematik sowohl weiter in die Vergangenheit zurückreicht als auch fachlich unter anderen Namen geführt wird. Für einen Überblick über das Thema wurde der Suchalgorithmus „text to image synthesis" AND review entwickelt, welcher zu einem hochqualitativen Ergebnis führte. Zusätzlich wurde der Suchalgorithmus „text to image" generator AND review entwickelt, um einen weiteren Überblick zu erhalten. In dieser Hausarbeit geht es um die Möglichkeiten und Grenzen von Text-zu-Image-Generatoren. Grenzen und Fähigkeiten müssen messbar und vergleichbar gemacht werden. Somit wurde der Suchalgorithmus „text to image" AND evaluation entwickelt, um nach entsprechenden Verfahren zu suchen. „text to image generator" AND *evaluation* führte zu keinen verwertbaren Ergebnissen. Schlussendlich wurde der Suchalgorithmus *("text to image synthesis" OR "text to image generator" OR "text to image generation") AND (evaluation OR quality assesement OR factor)* entwickelt. Die Bedingungen *evaluation* OR *factor* sollen Artikel finden, die die Faktoren erklären, die für eine ausreichende Qualität von Text-zu-Bild-Generatoren nötig sind. *Evaluation* und *quality asssesment* sollen Methoden und Forschung finden, um die Outputs von Text-zu-Bild-Generatoren zu überprüfen.

3. Technische Grundlagen von Text-zu-Bild-Generatoren

Ein Text-zu-Bild-Generator besteht aus einem neuronalen Netzwerk, welches mit einem Trainingsdatensatz aus Bildern trainiert und auf Texte konditioniert wird, dem Generator. In der Trainingsphase prüft ein Diskriminator, ob es sich bei dem generierten Bild um ein Bild aus dem Trainingsdatensatz handelt oder ob es ein neu erschaffenes Bild ist[10]. Die Aufgabe des Diskriminators geht aber noch weit darüber hinaus, denn es sollen Bilder entstehen, die für das menschliche Auge sinnvoll sind und mit der Texteingabe im Zusammenhang stehen. Es ist nicht nur wichtig, ein realistisches Bild herzustellen, sondern auch Kontrolle über den Prozess der Bildgenerierung zu erlangen[11]. Doch zunächst ist zu verstehen, was hier überhaupt trainiert werden soll. Häufig wird beim Trainingsprozess von dem Begriff Deep Learning gesprochen. Mit diesem Deep Learning soll ein neurales Netzwerk trainiert werden. Ein Beispiel für ein neurales Netzwerk stellt das Gehirn dar. Ein Neuron ist ein Punkt im Netzwerk, welches ein Aktionspotenzial hat, das ausgelöst wird, wenn eingehende Verbindungen gewichtet aufaddiert werden. Diese veranlassen das Neuron, nach einer nicht linearen Aktivierungsfunktion zu „feuern". Das Neuron kann in verschiedenen Stärken in einem Wertebereich zwischen 0,1 und -1,1 feuern. Dieser Prozess heißt Transformation. Das „Gefeuerte", also der Output, wird zu einem nachgeschalteten Neuron weitergeleitet und dient dort als Input. In diesem Neuron werden die Eingaben wieder gewichtet und wiederum nach einer bestimmten Formel eine Aktivierung veranlasst. Die Neuronen in einem neuralen Netzwerk werden in Neuronenschichten angeordnet[12]. Da für komplexe Operationen viele neuronale Schichten notwendig sind, haben diese für eine sinnvolle Anwendung eine bestimme Tiefe,

---

[10] Vgl. Goodfellow et al. (2014, S. 1).
[11] Vgl. Frolov et al. (2021, S. 189).
[12] Vgl. Kleesiek, Murray, Strack, Kaissis & Braren (2020, S. 28).

dessen Training sich nur mit einer massiven Anzahl arithmetischer Operationen bewerkstelligen lässt. Die Tiefe des Trainings ist mit dem Aufkommen leistungsfähiger Grafikkarten, wie sie für die Beschleunigung von Computerspielen eingesetzt werden, möglich geworden ist. [13]

Das Anlernen neuraler Netzwerke basiert auf Mechanismen, welche mit mathematischen Ableitungsverfahren vergleichbar sind. Die Neuronen im Netzwerk haben initial eine bestimmte Anzahl von Verbindungen und ein bestimmtes Gewicht. Anfangs werden diesen Gewichten Zufallswerte zugewiesen. Wenn man nun eine Eingabe in das Netzwerk macht, erhält man eine zufällige Ausgabe, die keinen Sinn ergibt. Jetzt lässt sich die Abweichung zur richtigen Ausgabe berechnen. Wenn etwa ein Bild generiert würde, besteht dieses aus Pixeln. Jeder Pixel nimmt einen bestimmten Farbwert an. Da das Trainingsbild bekannt ist, könnte die Abweichung der Farbwerte pro Pixel berechnet werden. Über die Kettenregel aus der Mathematik kann der Anteil der einzelnen Neuronen am Gesamtfehler zurück propagiert und die Gewichte angepasst werden. Dieses Training führt man hunderttausendfach durch, bis das Netzwerk die gewünschten Ergebnisse produziert. Diese sogenannte Backpropagation ist das zentrale Prinzip von Deep-Learning-Algorithmen, die für das Training neuraler Netzwerke eingesetzt werden. Die hohe Anzahl an Schichten erklärt auch den Begriff Deep Learning. Hier wird ein neurales Netzwerk mit einer hohen Anzahl an Schichten in seiner Tiefe trainiert[14]. Das Ergebnis, also das trainierte Netzwerk, stellt im Prinzip ein komplexes statistisches Modell dar. Deswegen spricht man bei einem trainierten Netzwerk von einem Modell. Das grundlegende Deep-Learning-Verfahren basierend auf Backpropagation, ist auch der Grund, weshalb Systeme zur Gesichtserkennung so erfolgreich sind. Sie sind leicht zu trainieren. Eine Gesichtsstruktur ist eine Anzahl von Grau- und Farbwerten, die in einem Bild vorkommen muss. Eine erfolgreiche Erkennung findet dann statt, wenn die Nähe der Werte im Kontrollbild und im Testbild klein genug sind.

3.1. Generative adverserial networks

Wesentlich schwieriger als Muster in Bildern zu finden, ist es ein neurales Netzwerk dazu zu bringen, ein sinnvolles Bild zu generieren, welches im menschlichen Auge

---

[13] Vgl. Kleesiek et al. (2020, S. 27).
[14] Vgl. Kleesiek et al. (2020, S. 29).

sinnvolle Motive darstellt, die richtigen Symmetrien aufweist und gleichzeitig keine Kopie der „Originalbilder" ist. 2014 haben Goodfellow et al. die Grundlage für Generative adversarial networks geschaffen. Verschiedene vorherige Arbeiten haben versucht, das Verfahren der Backpropagation für den Generator zu optimieren. Welling & Rezende et al. benutzten 2014 stochastische Backpropagation. Mit einer Gaußschen Verteilungsfunktion wurde die Varianz des Generators zum Original berechnet, welche als Backpropagation-Regel zurückgegeben wurde. Ähnlich wie bei Generative adverserial networks wurde hierfür auf ein zweites neurales Modell zurückgegriffen, welche diese Abweichung zum Originaldatensatz erkennen sollte. Diese Idee nahmen Goodfellow et al. zum Anlass, statt eines Recognition-Models einen Diskriminator zu trainieren[15]. In diesem Modell generiert der Generator Bilder und der Diskriminator entscheidet, wie wahrscheinlich es ist, ob das generierte Bild echt ist oder ob es generiert wurde. Der Diskriminator bewegt den Generator über Backpropagation-Updates dazu, seine Gewichtung zu verändern, sodass er Bilder generiert, die tatsächlich als sinnvolle Bilder klassifiziert werden könnten. Ähnlich wie ein neurales Netzwerk für Gesichtserkennung klassifiziert der Diskriminator bekannte Strukturen im generierten Output. Dieses Spiel läuft so lange hin und her, bis der Diskriminator nicht mehr zwischen generierten und echten Bildern unterscheiden kann[16]. Genau dieses Spiel beschreibt auch der Begriff, der hier geprägt wurde: Generative (für den Generator) adversarial (für den Gegner) networks (die beiden neuralen Netzwerke), abgekürzt GAN.

Abbildung 2 zeigt die Architektur des Spiels zwischen den beiden neuralen Netzwerken. Der Generator wird mit zufälligen Daten trainiert (z = noise), der Diskriminator mit echten Bildern. Anhand der echten Bilder klassifiziert der Diskriminator Strukturen innerhalb der generierten Fake-Bilder, die ihn dazu veranlassen, das generierte Bild für echt zu halten. Das funktioniert in den ersten hundert oder tausend Durchläufen wahrscheinlich vorerst nicht. Über Backpropagation erhält der Generator Updates, wie weit er tatsächlich von realen Strukturen entfernt ist, und passt die Gewichtung seiner Neuronen, solange an. Solange, bis der Diskriminator die generierten Fake-Bilder von den echten nicht mehr unterscheiden kann. Die Qualität der generierten Bilder hängt damit von den Fähigkeiten des Diskriminators ab.

---

[15] Vgl. Goodfellow et al. (2014, S. 2).
[16] Vgl. Goodfellow et al. (2014, S. 4).

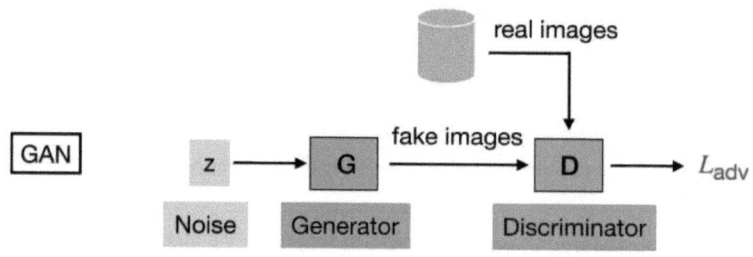

Abbildung 2: Architektur eines Generative adversarial networks[17]

Dieses Modell erlaubt aber noch keine Kontrolle darüber, was der Generator eigentlich generieren soll. In diesem Zustand generiert der Generator Bilder, die zwar den Diskriminator überzeugen, aber immer noch von zufälliger Natur geprägt sind. Von Interesse ist es, die Kontrolle über den Prozess der Bildgenerierung zu erlangen. Generative adversarial nets konnten von Mirza & Osindera 2014 in einem cGAN (conditional GAN) genannten Modell Trainingsbilder von Zahlen mit Klassifikationslabeln versehen. Die Konditionierung wurde dadurch erreicht, dass die Klassifikationen als konditionierende Variable als zusätzlicher Input in den Generator und den Diskriminator eingegeben wurden[18]. Wenn der Generator nach ausreichendem Training eine Zahl eingegeben bekommt, generiert er diese Zahl als Bild. Eine Erweiterung hierzu stellt InfoGAN dar, bei dem beiden Modellen Klassifizierungen von trainierten 3D-Objekten eingegeben wurde. Der Diskriminator bei infoGAN ist in der Lage, nicht nur festzustellen, ob das generierte Bild real oder fake ist, sondern er gibt auch an, wie gut die jeweilige Klassifikation, zu der das passende 3D-Objekt ausgegeben werden soll, getroffen wurde.

Abbildung 3 zeigt den Vergleich von cGAN und InfoGAN. Während der Diskriminator von cGAN auf Klassifikationen konditioniert ist, aber nur den Unterschied zwischen einem echten Bild aus den Trainingsdaten und einem generierten Bild ausmachen kann, kann der Diskriminator von InfoGAN die durch den Generator dargestellten Objekte selbst neu klassifizieren und ihre Authentizität feststellen. Diese Klassifizierung durch den Diskriminator stellt einen Durchbruch bei den Kosten dar, denn um Bildgeneratoren bestimmte Objekte auf Kommando generieren zu lassen, hätte es vorher einen menschlichen Supervisor als Diskriminator gebraucht. Die Ansätze zielen daher darauf ab, dass der Diskriminator der menschlichen Erkennung näherkommt, um die Kosten zu senken und Trainings im großen Stil durchzuführen[19].

---

[17] Vgl. Frolov et al. (2021, S. 189).
[18] Vgl. Mirza & Osindero (2014, S. 2).
[19] Vgl. X. Chen et al. (2016, S. 7).

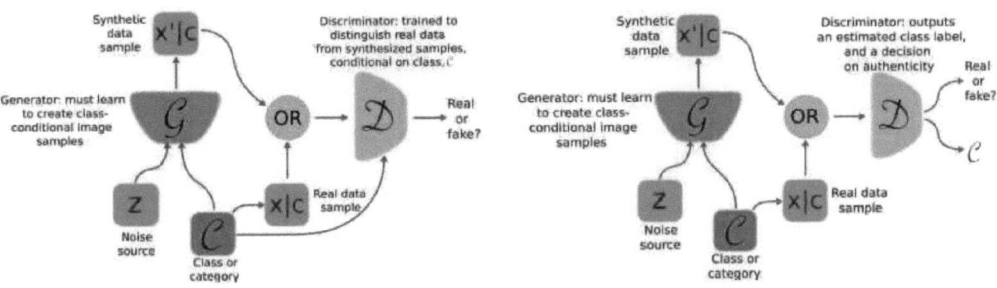

Abbildung 3: Links: cGAN von Mirza & Osindero 2014, rechts InfoGAN von Chen et al. 2016[20]

3.2. Text-to-Image-Synthesis (T2I)

In einem Text-zu-Bild-Generator wird versucht, ein Bild anhand der genauen Text-eingabe des Benutzers zu erzeugen. Ziel ist es, die genannten Eigenschaften, den Stil und die Objekte der Texteingabe darzustellen. Der Diskriminator wird trainiert, um zwischen echten und generierten Bild-Text-Paaren zu unterscheiden. Daher ist das erste T2I-Modell die weiterentwickelte Generation des cGANs, da die Konditio-nierung auf ein Klassenlabel einfach durch eine Textphrase ersetzt wird.

Die obigen Entwicklungen begünstigen das Entstehen von Text-zu-Bild-Generatoren rasant. Der erste Ansatz wurde bereits 2016 von Reed, Akata, Yan et al. basierend auf dem cGAN entwickelt. Dieser nutzte statt einer Klassifikation für Objekte voll-ständige Beschreibungen der trainierten Bilder. Der Diskriminator steht hier aller-dings zwei verschiedenen Aufgaben gegenüber. Zum einen muss er feststellen, ob die generierten Bilder plausibel sind und dies dem Generator beibringen. Zum ande-ren beobachtet der Diskriminator hier zwei unterschiedliche generierte Ausgaben: echte Bilder mit passendem Text und generierte Bilder mit beliebigem Text. Es müs-sen zwei Konditionen getrennt werden: Fake-Bilder für jeden beliebigen Text und realistische mit Text, der nicht mit dem generierten Bild übereinstimmt. Hierfür haben Reed, Akata, Yan et al. dem Diskriminator eine weitere Eingabe hinzugefügt, die aus echten Bildern mit falschem Text besteht, die der Diskriminator als Fake bewerten muss. Der Diskriminator lernt so, die Übereinstimmung von Bild und Text beim Ge-nerator zusätzlich zur Authentizität der Bilder zu trainieren[21].

---

[20] Vgl. Creswell et al. (2018, S. 5).
[21] Vgl. Reed et al. (2016, S. 1063).

In StackGAN von Zhang et al. 2016 wird in der ersten Stufe ein grobes Bild mit 64 × 64 Pixeln aus einem zufälligen Bild und einer Textkonditionierung erzeugt. Dieser Output und der generierte Text stellen dann den Input für einen zweiten Generator dar, der daraus ein Bild mit 256 · 256 Pixeln erzeugt. In beiden Stufen wird ein Diskriminator trainiert, um zwischen übereinstimmenden und nicht übereinstimmenden Bild-Text-Paaren zu unterscheiden[22]. Eine Verbesserung der Methode, in der eine weitere Generator und Diskriminator-Ebene hinzugefügt wurde, gipfelte in StackGAN++, das eine höhere Farbkonsistenz aufweisen und zu fotorealistischen Ergebnissen führen sollte[23].

Abbildung 4 zeigt die Architektur der gestapelten (stacked) GANs. Der Generator in Phase 1 zeichnet ein Bild in niedriger Auflösung, mit einer grundlegenden Struktur des Bildes sowie grundlegenden Farben. Der Phase 2 Generator erhöht die Auflösung und fügt Details hinzu. Für diese Phasen werden die beteiligten Diskriminatoren mit Bildern unterschiedlicher Auflösung trainiert.

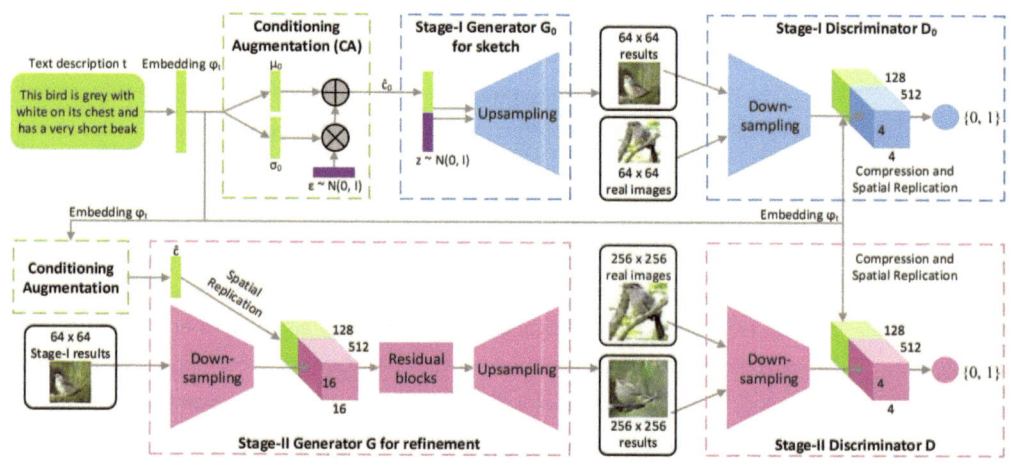

Abbildung 4: Architektur von StackGAN[24]

3.3. Modernes T2I: Hierarchische Generatoren

Auf dem Stacked-Prinzip aufbauend, arbeiten moderne T2I-Generatoren mit hierarchischen Modellen, bei denen während der Phase der Generierung mehrere Diskriminatoren als Zwischenebenen des Generators dienen. Diese Generatoren dienen

---

[22] Vgl. Frolov et al. (2021, S. 191).
[23] Vgl. H. Zhang et al. (2019, S. 1947).
[24] Vgl. H. Zhang et al. (2019, S. 1949).

des Feintunings verborgener, durch andere Diskriminatoren nicht angesprochene Gewichte. Fehlersignale durch den Diskriminator haben dadurch einen kürzeren Weg und das soll die Trainingsstabilität erhöhen[25]. Abbildung 5 zeigt die drei Stufen, in denen der Diskriminator eingebaut wurde. Für einen globalen – also pauschalen oder übergeordneten – Diskriminator, der auf Text-Bild-Paare prüft, wird es den Erfahrungen und Experimenten in vorherigen GAN-Modellen zufolge, mit zunehmender Bildauflösung schwierig werden, feinkörnige Details zu erfassen. Außerdem kann ein einzelner Diskriminator bestimmte Bildmerkmale übertrainieren, was im Ergebnis zu den Artefakten in den Bildern aus einfacheren Modellen führen kann.

Um die Bildtreue zu gewährleisten, konzentrieren sich bei HDGAN die Diskriminatoren bei niedriger Auflösung auf grobe Strukturen (D1 in Abbildung 5), während sich die Diskriminatoren mit hoher Auflösung auf lokale Bilddetails konzentrieren. Jeder Diskriminator besteht aus zwei Teilen, von denen einer den Wahrscheinlichkeitswert für ein gelungenes oder misslungenes Text-Bild-Paar und der andere eine Wahrscheinlichkeitskarte für die Bildauthentizität berechnet[26].

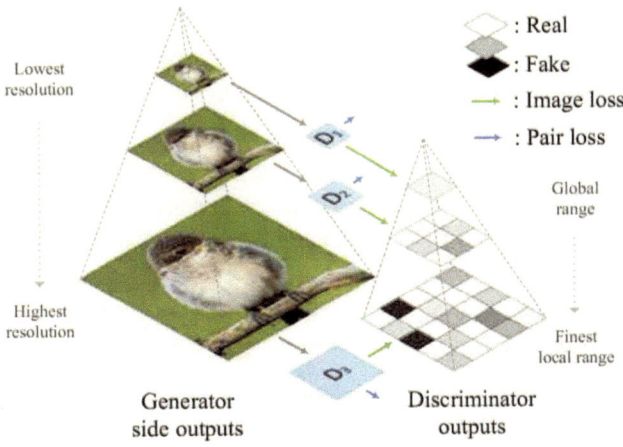

Abbildung 5: Hierarchischer Generator HDGAN[27]

Während die Bilder der Vorgängermodelle in niedriger Qualität, artefaktlastig und von Verzerrungen geprägt waren, wurde mit dem hierarchischen Modell der Weg für Bilder mit hohen Details und Auflösungen frei. Mit dem Attention Generative

---

[25] Vgl. Z. Zhang, Xie & Yang (2018, S. 6201).
[26] Vgl. Z. Zhang et al. (2018, S. 6202).
[27] Vgl. Z. Zhang et al. (2018, S. 6202).

Adversarial Network (AttnGAN) wurde es möglich, kleinste Detail in Bildern, basierend auf dem Textprompt anzupassen. Bei dem Bild eines Vogels ist es mit AttnGAN möglich, Details des Federkleids und der Körpergröße festzulegen[28].

GAN-Models unterliegen grundsätzlich strukturbedingten Limitationen, dessen Ursachen im Trainingsmodell begründet liegen. Zwar kann der Diskriminator vom Generator während des Trainings irgendwann überzeugt und auch verschiedene bis hierhin entwickelte Evaluationsmetriken (siehe unten) können von modernen GANs (über-)erfüllt werden. Allerdings sind die Bilder für das menschliche Auge immer noch zu ungenau, die Auflösung ist zu gering und das Training mit großen Datensätzen ist sehr aufwendig, da jedes Text-Bild-Paar seine Text-Captions per Hand erhalten muss. So benötigt beispielsweise MS-COCO, der am häufigsten verwendete Datensatz für das Training von Text-zu-Bild-Generatoren, über 70.000 Arbeitsstunden für das Beschriften der Bilder[29]. Für den Datensatz ImageNet mussten sogar über 25.000 Mitarbeiter 14 Millionen Bilder mit Beschriftungen versehen[30]. Außerdem tendieren Entwickler von Text-zu-Bild-Generatoren dazu, ihre Netzwerke auf Evaluationsmetriken und einzelne Datensätze (MS-COCO) als Performance-Benchmark zu optimieren, darüber hinaus haben sie aber geringe praktische Anwendung für einen möglichen Endanwender. Konfrontiert mit ungewöhnlichen Bildern, außerhalb von vorgefilterten und vorsortierten Datensätzen, geraten die für die Generatoren wichtigen Diskriminatoren in Schwierigkeit. Beispielsweise sind ungewöhnliche Positionen von Objekten ein Problem, wenn Diskriminatoren oder andere neurale Netzwerke für die Klassifikation von Objekten eingesetzt werden. So konnte der Tesla-Autopilot etwa einen Truck bei ungewöhnlichen Lichtverhältnissen nicht als solchen erkennen[31].

3.4. Aktuelle Entwicklungen

In CogView2 wird das hierarchische Modell mit einer zu den Generative Adverserial Nets parallel laufenden Entwicklung basierend auf Generative Pre-Training und Transformern, zusammengeführt. Mit einem Vector Quantized Variational Auto-

---

[28] Vgl. Xu et al. (2018, S. 1316).
[29] Vgl. Y. Zhou et al. (S. 17907).
[30] Vgl. OpenAI (2021).
[31] Vgl. Alcorn et al. (2019, S. 4840).

Encoder sind Transformer-Modelle ebenfalls in der Lage, Bilder mit hohen Details und hohen Auflösungen bei moderatem Ressourcenbedarf zu erzeugen.

ImageGPT ist ein auf dem Sprachmodell und Generator GPT basierenden Text-zu-Bild-Generator. Dieser Generator nutzt dabei das Sprachmodell, welches bspw. auch eigene sinnvolle Texte schreiben kann, um Semantiken in Captions und Prompts besser zu interpretieren[32].

Vector Quantized Variational Auto Encoder (VQ-VAE): Hier wird ein Encoder trainiert, der ein komprimiertes Bild generiert, um es schneller und mit weniger Leistung bearbeiten zu können und durch einen Decoder in einer höheren Auflösung wiederherzustellen. Damit löst VQ-VAE das wesentliche Performance-Problem in autoregressiven Transformern wie ImageGPT. Um eine hohe Qualität beim Upscaling zu erreichen, nutzt VQ-VAE Ideen aus der Vektorquantifizierung, mit der bspw. Grafiken und Fonts in beliebiger Größe dargestellt werden können[33]. VQ-VAE ermöglicht auch die parallele Berechnung von Bildausschnitten. Sequenzielle Berechnungen von Bildteilen in einem Raster aus vorherigen Auto-Regression Models führten zu einem Bias, in welchem Bildbereich die durch den Prompt erwünschten Objekte dargestellt werden können[34].

Durch die Kombination mit dem hierarchischen Modell ist CogView2 in der Lage, besonders hohe Auflösungen zu erreichen. Abbildung 6 zeigt die hierarchische Anwendung. Kleinere Teilbilder werden generiert, die von einer Encoder-Decoder-Architektur angelehnt an VQ-VAE parallelisiert auf eine größere Auflösung hochgerechnet und zusammengesetzt werden können.

---

[32] Vgl. M. Chen et al. (2020, S. 1691).
[33] Vgl. van den Oord, Vinyals & Kavukcuoglu (2017, S. 6309).
[34] Vgl. Gu et al. (2022, S. 10696).

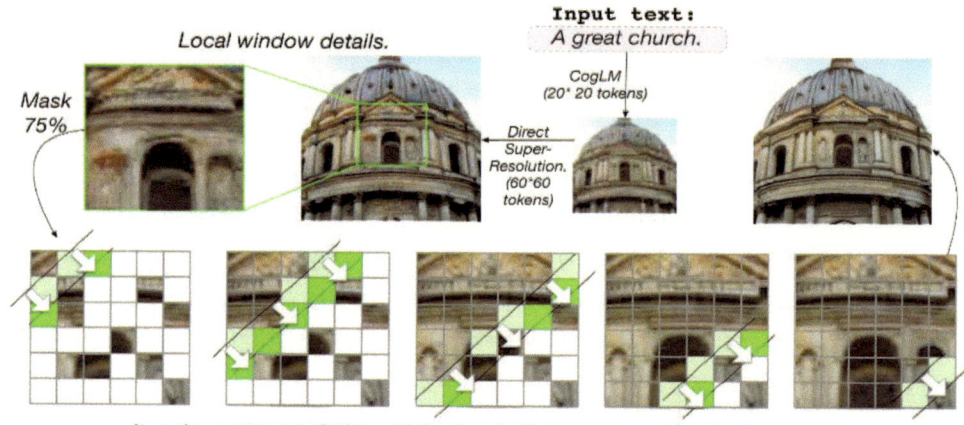

Iterative super-resolution. All the local windows generate simultaneously.

Abbildung 6: CogView2 Super-Resolution basierend auf einem hierarchischen Transformer[35]

In aktuellen Diffusion Models wie unCLIP von Ramesh et al. 2022 (DALL-E 2) wird mit CLIP ein neues vortrainiertes Klassifikationsmodell eingesetzt, um das VQ-VAE Encoder-Decoder-Modell zu trainieren[36]. Das Diffusion-Model wurde zunächst in VQ-Diffusion, einer Weiterentwicklung von VQ-VAE, eingesetzt[37]. Diffusion Models bestehen aus einer Kette von Schritten, in denen Bilddaten langsam Zufallsrauschen hinzugefügt wird, um dann in einem Umkehrprozess die gewünschten Daten zu konstruieren[38].

Abbildung 7 zeigt die unterschiedlichen Bildgenerierungsmodelle im Vergleich. Das Flow-Based-Model benötigt eine spezielle Hardware-Architektur und wird in dieser Arbeit nicht behandelt.

---

[35] Vgl. Ding, Zheng, Hong & Tang (2022, S. 6).
[36] Vgl. OpenAI (2021).
[37] Vgl. Gu et al. (2022, S. 10696).
[38] Vgl. Weng (2021).

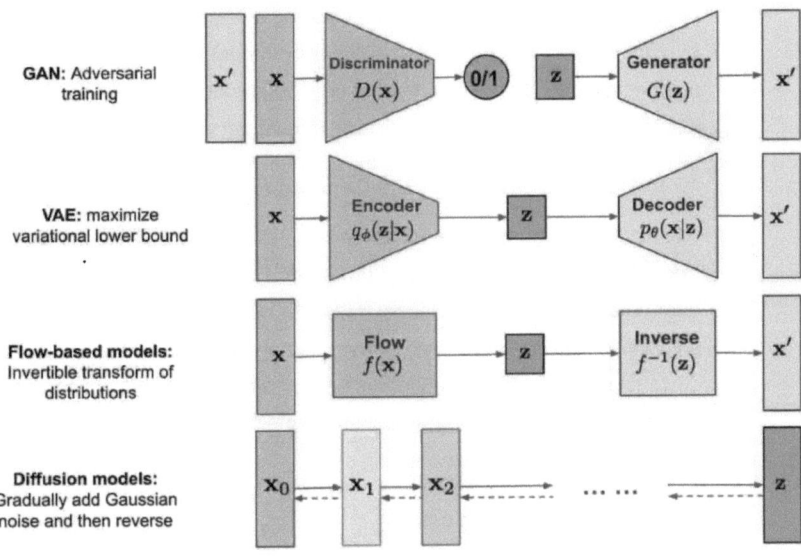

Abbildung 7: Bildgeneratoren im Vergleich[39]

Das CLIP-Klassifikationsmodell ist eines, welches Szenen auf Bilder in natürlicher Sprache beschribt. Es klassifiziert nicht nur Objekte, die sich im Bild befinden, sondern auch ihre Position, die Bildstimmung und den Stil, in dem das Bild entstanden ist. Damit ist es nicht nur auf die Klassifikation von Fotos beschränkt. CLIP wurde mit keinem klassischen Datensatz, sondern mit Bildern aus dem Internet trainiert. Die Aufgabe hierbei war es, für das Bild die Sätze vorherzusagen, die auf das Bild zutreffen. Alt-Texte sowie beschreibende Texte auf den Internetseiten dienten zur Verifizierung[40]. Dies ermöglicht ein Training von T2I-Generatoren, bei denen keine Bilder mehr per Hand mit Beschriftungen versehen werden müssen[41]. CLIP wird in DALL-E sowie in unCLIP dazu verwendet, um mehrere generierte Bilder zu ranken und die am besten zum eingegebenen Prompt passenden Bilder dem Nutzer anzuzeigen. Im GLIDE CLIP Guided Diffusion Model, dem Vorläufer von unCLIP wurde auch die authentische Bearbeitung von Bildern ermöglicht (Image-Inpainting). Objekte können mit der richtigen Lichtstimmung und Ausrichtung innerhalb von Bildern

---

[39] Vgl. Weng (2021).
[40] Vgl. Radford et al. (2021, S. 8756).
[41] Vgl. Y. Zhou et al. (S. 17912).

platziert werden, ohne dass die Bearbeitung auffällt. Diese Funktion findet sich auch in unCLIP wieder[42]. Ein weiteres Diffusion-Model ist StableDiffusion, dessen Trainingsmodell (seit kurzem) in Midjourney, durch den Gebrauch des Datensatzes von Midjourney und CLIP als Klassifizierer verwendet wird.

4. Evaluation von Text-zu-Bild-Generatoren

Für die Vergleichbarkeit der Qualität von T2I-Generatoren ist der Zugang zu automatischen Evaluationsmetriken notwendig. Für ein „gutes" generiertes Bild gibt es aber unterschiedliche Aspekte zu beachten, die eigentlich schwer greifbar sind. Beispielsweise sind damit Realismus, Symmetrien und authentische Stile gemeint. Allerdings ist ein authentisches Bild nur ein Teil einer guten Evaluation von T2I. Der semantische Zusammenhang zwischen dem eingegeben Textprompt und dem generierten Bild muss ebenfalls stimmig sein[43].

4.1. Technische Evaluation

Einen ausführlichen Überblick über Evaluationstechnologien von GAN-Models bietet Borji 2019. Ursprünglich wurden die automatisierten Evaluationsmetriken für GAN-Models genutzt, sie werden aber auch für die Beurteilung von (Vector Quantized) Variational Auto Encodern (VQ)-VAE sowie Diffusion Models eingesetzt. Borji 2019 unterscheidet Bildgeneratoren in Modelle mit explizitem und implizitem Ansatz. Während GANs implizit die Annäherung an Daten aus realen Bildern trainieren, maximieren VAE die Ähnlichkeit[44].

Für die meisten GANs sowie für aktuelle Diffusion Models, wie unCLIP, GLIDE und StableDiffusion, werden die automatisierten Evaluationsmodelle Interception Score (IS)[45], Fréchet Inception Distance (FID)[46] und R-Precision[47] verwendet.

Der Inception Score ist eine Kennzahl zur Bewertung der Leistung eines generativen Models, insbesondere eines Deep-Learning-Models, das zur Bilderzeugung verwendet wird. Der Score basiert auf zwei Faktoren: dem Realismus der erzeugten

---

[42] Vgl. Nichol et al. (2022, S. 16797).
[43] Vgl. Frolov et al. (2021, S. 196).
[44] Vgl. Borji (2019, S. 43).
[45] Vgl. Salimans et al. (S. 2234).
[46] Vgl. Heusel, Ramsauer, Unterthiner, Nessler & Hochreiter (2017, S. 6626).
[47] Vgl. Xu et al. (2018, S. 1320).

Bilder und der Vielfalt der Bilder. Ein hoher Inception Score zeigt an, dass das Modell in der Lage ist, sowohl realistische als auch vielfältige Bilder zu erzeugen.

Der Inception Score wird durch die Klassifizierung der generierten Bilder mit einem vorab trainierten Netzwerk berechnet. Wenn das Netzwerk aussagekräftige Bilder erzeugen kann, sollte die bedingte Verteilung eine geringe Entropie aufweisen. Mit anderen Worten: Der Inception Score misst grob, wie ausgeprägt die Bilder sind[48]. Eine hohe Punktzahl bedeutet, dass die Bilder sowohl realistisch als auch vielfältig sind, während eine niedrige Punktzahl anzeigt, dass die vom Netzwerk erzeugten Bilder entweder nicht realistisch oder nicht vielfältig sind. Der Inception Score ist keine perfekte Metrik und unterliegt mehreren Limitationen. Erstens begünstigt er "Memory-GANs", die alle Trainingsbeispiele speichern, und er erkennt keine über-trainierten Bilder, zweitens verwendet der Inception Score das Inception-Modell, das auf ImageNet trainiert wurde. ImageNet enthält viele Objekt-Bilder. Daher kann er Modelle in der Bewertung bevorzugen, die gute Objekte erzeugen anstatt realisti-sche Bilder. Viertens kann er durch die Beimischung natürlicher Bilder getäuscht werden und ist daher anfällig für Modelle, die dazu tendieren, trainierte Bilder nur zu kopieren[49].

Eine weitere Metrik ist die Fréchet Inception Distance (FID). Dieser Wert misst die Distanz zwischen der Verteilung der Daten in realen Bildern und in generierten Bil-dern[50]. FID schneidet in Bezug auf Unterscheidbarkeit, Robustheit und Rechenffi-zienz gut ab. Es setzt jedoch voraus, dass die Merkmale gaußförmig verteilt sind, was oft nicht gewährleistet ist. FID ist eine automatisiert ermittelte Metrik, die der Beurteilungen der Qualität durch Menschen nahekommt. Außerdem verfügt es über die Fähigkeit, Artefakte durch Übertraining zu erkennen. Der Interception-Score misst die Vielfalt und Qualität der erzeugten Stichproben, während FID den Abstand zwischen der erzeugten und der tatsächlichen Verteilung misst[51].

R-Precision ist eine Metrik, die die visuell-semantische Ähnlichkeit zwischen Textbe-schreibungen und generierten Bildern misst. Dies geschieht durch eine Rangfolge der Suchergebnisse zwischen den extrahierten Bild- und Textmerkmalen. Zusätzlich

---

[48] Vgl. Frolov et al. (2021, S. 197).
[49] Vgl. Borji (2019, S. 48).
[50] Vgl. Borji (2019, S. 50).
[51] Vgl. Borji (2019, S. 51).

zur Basisbeschreibung, aus der ein Bild generiert wurde, werden weitere Beschreibungen nach dem Zufallsprinzip aus dem Datensatz entnommen. Dann wird die Kosinus-Ähnlichkeit zwischen den Bildmerkmalen und der Texteinbettung der einzelnen Bildunterschriften berechnet und die Bildunterschriften werden nach abnehmender Ähnlichkeit gereiht. Wenn die ursprüngliche Caption, aus der das Bild generiert wurde, zu den besten Captions gehört, wird dies als Erfolg gewertet. R-Precision bewertet die Wahrscheinlichkeit, ob das erzeugte Bild der wahren Caption ähnlicher ist als 99 zufällig ausgewählte Captions[52]. Wie bei den vorherigen Metriken wird R-Precision in der Regel als Durchschnitt einer großen Anzahl (z. B. 30.000) von generierten Bildern berechnet[53] und erfordert entsprechenden Rechenaufwand. R-Precision wurde für das Generative Adversarial Network Attentional-GAN (attnGAN), welches dazu in der Lage ist anhand des Textprompts feine Details im Bild festzulegen, z. B. welche Farbe ein Teil des Federkleids eines Vogels hat[54].

Semantic Object Accuary (SOA) ist eine Metrik, deren Messprinzip dem CLIP-Klassifikationsmodell ähnlich ist und ihm vorausgeht. SOA verwendet ein vorab trainiertes Objekterkennungsnetzwerk, um Bilder zu bewerten. Dabei wird geprüft, ob die Objekte, die laut Caption auf einem Bild zu sehen sein sollten, vom Detektor erkannt werden. Wenn in der Caption zum Beispiel steht: "Eine Person isst eine Pizza", prüft der SOA, ob sowohl eine Person als auch eine Pizza auf dem Bild zu sehen sind, die der Detektor erkennen kann. Diese Bewertung misst direkt, ob die in der Bildunterschrift erwähnten Objekte in einem Bild erkennbar sind oder nicht, und ist damit eine genaue Methode, um die Qualität der erzeugten Bilder zu beurteilen[55]. CLIP ist allerdings weitaus fortgeschrittener und in der Lage, dargestellte Szenen vollständig zu beschreiben, weshalb kommerziell eingesetzte Diffusion Models auch als „CLIP guided" in der Literatur beschrieben werden. Tabelle 1 zeigt, welche Werte die in dieser Hausarbeit beschriebenen Generatoren auf Basis des Test- und Vergleichsdatensatz MS-COCO erreichen.

---

[52] Vgl. Xu et al. (2018, S. 1320).
[53] Vgl. Frolov et al. (2021, S. 197).
[54] Vgl. Xu et al. (2018, S. 1316).
[55] Vgl. Hinz, Heinrich & Wermter (2022, S. 1557).

Modell	IS (höher ist besser)	FID (niedriger ist besser)	R-Prec. (höher ist besser)	SOA-C/SOA-I (höher ist besser)
Echte Bilder[56]	34,88	6,09	68,58	74,97/80,84
StackGAN[57]	8,45	74,05	-	-
StackGAN++[58]	8,30	81,59	-	-
HDGAN[59]	11,86	-	-	-
attnGAN[60]	25,89	35,2	85,47	25,88/39,01[61]
CogView[62]	18,2	27,1	-	-
CogView2[63]	22,4	17,5	-	-
DALL-E[64]	17,9	27,5	-	-
GLIDE[65]	-	12,89	-	-
unCLIP[66] (DALL-E 2)	-	10,9	-	-
LDM-KL8-G[67] (StableDiffusion)	26,62	12,61	-	-

Tabelle 1: T2I-Generatoren mit ermittelten Werten in angegebenen Evaluationsmetriken (basierend auf MS-COCO)

Andere maschinelle Evaluationsmethoden setzen auf die Bewertung von einzelnen Bildern und ermitteln auf der Pixelebene Störungen und Verluste in der Struktur. Diese Methode hat den Vorteil, dass sie besonders performance-freundlich ist und dementsprechend von vielen Forscherteams eingesetzt werden kann[68]. Die in dieser Hausarbeit behandelten generativen Netzwerke wurden damit nicht gemessen.

4.2. Menschliche Evaluation

Menschliche Evaluation muss für aussagekräftige Ergebnisse einerseits mit einer großen Gruppe Menschen durchgeführt werden. Andererseits müssen die

---

[56] Vgl. Hinz et al. (2022, S. 1559).
[57] Vgl. H. Zhang et al. (2019, S. 1954).
[58] Vgl. H. Zhang et al. (2019, S. 1956).
[59] Vgl. Z. Zhang et al. (2018, S. 6206).
[60] Vgl. Xu et al. (2018, S. 1321).
[61] Vgl. Hinz et al. (2022, S. 1559).
[62] Vgl. Ding et al. (2021, S. 19830).
[63] Vgl. Ding et al. (2022, S. 8).
[64] Vgl. Ramesh et al. (2021, S. 8828).
[65] Vgl. Nichol et al. (2022, S. 16791).
[66] Vgl. Ramesh, Dhariwal, Nichol, Chu & Chen (2022, S. 13).
[67] Vgl. Rombach, Blattmann, Lorenz, Esser & Ommer (2022, S. 10689).
[68] Vgl. Yu, Zhang, Zhang, Zhang & Zhou (2021, S. 94666).

menschlichen Tester eine große Menge an Bildern prüfen, da T2I-Generatoren bei einigen Prompts deutlich besser abschneiden als bei anderen, da sie teilweise einseitig auf automatisierte Evaluationsmetriken optimiert wurden. Zudem müsste für Vergleichbarkeit ein gemeinsamer Datensatz verwendet werden. Stattdessen setzen die großen Forschungsunternehmen hier ihre eigenen Datensätze ein. Sowohl für die Durchführung der Evaluationen selbst als auch bei den Datensätzen führt die Finanzkraft der Forschungsunternehmen untereinander und gegenüber Institutionen zu keinen vergleichbaren Ergebnissen. Dritte können nur dann vergleichende Studien vornehmen, sofern sie Zugriff auf den Quellcode haben, was nur bei einigen GANs und StableDiffusion der Fall ist. Mit HYPE wurde ein standardisierter Benchmark für Bildqualität geschaffen[69], aber eine Standardisierung von menschlichen Studien bei der Bild-Text-Treue wurde noch nicht entwickelt[70].

In den menschlichen Evaluationsstudien, die durch die Ersteller der jeweiligen Modelle durchgeführt wurden, werden teilweise folgende Faktoren geprüft:

→ Fotorealismus[71] [72]

→ Allgemeine Bildqualität[73]

→ Bild-Text-Treue[74] [75]

In den standardisierten HYPE-Studien werden hingegen nur reale und falsche Bilder unterschieden[76].

4.3. Evaluation willkürlicher Stichproben aus unCLIP (DALL-E 2)

Im Rahmen dieser Hausarbeit wurden mit Sozialen-Medien Nutzer am 15. Juli 2022 dazu aufgefordert, verschiedene Prompts zu generieren, die DALL-E 2 (unCLIP) in einer willkürlichen Stichprobe testen sollten. Diese wurden anschließend unter Nutzung eines Zugangs, welcher auf Einladung durch OpenAI erlangt wurde, in den Generator eingegeben. Die Ergebnisse wurden nach dem Faktor der Bild-Text-Treue in erfolgreiche und nicht erfolgreiche Generierungen eingeteilt. DALL-E 2 generierte

---

[69] Vgl. S. Zhou et al. (2019, S. 3444).
[70] Vgl. Frolov et al. (2021, S. 202).
[71] Vgl. Nichol et al. (2022, S. 16801).
[72] Vgl. Ramesh et al. (2022, S. 11).
[73] Vgl. Ding et al. (2022, S. 15).
[74] Vgl. Ding et al. (2022, S. 15).
[75] Vgl. Nichol et al. (2022, S. 16801).
[76] Vgl. S. Zhou et al. (2019, S. 3447).

eine größere Anzahl an Bilder und zeigte anschließend vier Bilder an, die vom neuralen Netzwerk CLIP ausgewählt wurden im Hinblick darauf, welche am ehesten auf den Prompt zutrafen. Aus diesen Bildern wurde das Beste ausgewählt. Sofern der Prompt auch in der besten Version nicht vollständig erfüllt wird, wie dies in Abbildung 8 und 9 kenntlich gemacht.

Abbildung 8: Willkürliche Stichprobe mit unterschiedlichem Komplexitätsgrad (jeweils bestes Resultat)

Um komplexere Aufgaben zu bewältigen, wurde der Begriff *Prompt Engineering* geprägt. Hierbei geht es darum, dass ein Modell, trainiert auf Basis natürlicher Sprache, in die Lage versetzt wird, willkürliche Aufgaben zu bewältigen, auch wenn über diese keine Daten im Trainingsdatensatz vorhanden sind[77]; beispielsweise ist es unwahrscheinlich, dass in einem solchen Datensatz Bilder existieren, in denen ein Dinosaurier von einem UFO entführt wird. Neben Objekten ist außerdem auch ein Einfluss auf den Stil, die Kamera und die Perspektive möglich. Ein entsprechender Prompt kann dennoch zur Generierung eines solchen Bildes führen. Wie Abbildung 9 zeigt, weisen Bilder, bei denen zwei Faktoren zur Darstellung genannt werden, eine höhere Text-Bild-Treue auf. Je komplexer das gewünschte Bild ist, desto häufiger muss der Prompt angepasst werden. Zudem scheint es eine Gewichtung der einzelnen im Prompt genannten Faktoren zu geben, allerdings ist diese nur bei Midjourney beeinflussbar[78].

---

[77] Vgl. Radford et al. (S. 7).
[78] Vgl. Midjourney (2022).

Legende:
🟢 Erfüllt
🟡 Teilweise erfüllt
🔴 Nicht erfüllt

Abbildung 9: Anpassung von Prompts in vergleichbaren Settings (jeweils bestes Resultat)

Zu ähnlichen Resultaten kommen auch Marcus & Davis et al. 2022. Ihre Methode unterscheidet sich darin, dass in Marcus & Davis et al. 2022 zehn Bilder pro Prompt ausgegeben wurden; außerdem wurden realistische, also über die Google-Suche verfügbare Bilder, als Prompts eingegeben[79].

DALL-E 2 unterliegt, wie in der Stichprobe angedeutet, einigen Einschränkungen. Es liefert manchmal unvollständige Ergebnisse, hat Schwierigkeiten, Beziehungen zwischen Entitäten zu verstehen und interpretiert Negationen nicht richtig. Überdies müssten die Inhaltsfilter verbessert werden, um zu vermeiden, dass potenziell harmlose Sätze als Richtlinienverstöße gekennzeichnet werden. Die Verallgemeinerungsfähigkeit ist schwer zu beurteilen, ohne mehr über das Trainingsset zu wissen[80]. Bildgeneratoren haben deutliche Schwierigkeiten, die Prompts zu verstehen. Thrush et al. 2022 zeigten CLIP (bei DALL-E 2 genutzt zum Training und zur Zuordnung passender generierter Bilder zum Prompt) und menschlichen Testern 1600 Captions und Bilder. CLIP und den menschlichen Testern wurde immer ein Text-Bild-Paar gezeigt mit der Fragestellung, ob die Caption zum Bild passt. In nur 30 % der Fälle ist CLIP die richtige Zuordnung gelungen, Menschen hingegen in 90 % der Fälle. Damit lagen die Fähigkeiten von CLIP nur knapp über dem Zufall (25 %)[81]

Erste Entwicklungen, die die semantischen Beziehungen von beschriebenen Eigenschaften im Text mit den Bildern in Verbindung bringen, wurden von Lee et al. 2021 mit dem VTH GAN getestet. Langfristig soll daraus ein Verständnis erwachsen, das

---

[79] Vgl. Marcus, Davis & Aaronson (2022, S. 3).
[80] Vgl. Marcus et al. (2022, S. 2).
[81] Vgl. Thrush et al. (2022, S. 5243).

sogar Speech-To-Image ermöglichen kann[82]. Die Ergebnisse sind aber bisher durchwachsen.

5. Diskussion

Das Generieren von Bildern aus einem Text hat große Fortschritte erfahren. Angefangen mit einer simplen Architektur, die aus einem Generativen und einem Diskriminativen Netzwerk bestand, wurde daraus eine komplexe Multilevel-Architektur, die realistische Bilder erzeugen kann. Weitere Verbesserungen führten zu höherer Auflösung und zur Bearbeitung selbst kleinster Details. Generative Adversarial Networks werden noch immer weiterentwickelt, haben aber bisher noch kein kommerzielles Modell hervorgebracht. Dafür wurden die darin entwickelten Technologien in anderen Ansätzen wie dem Diffusion-Model weiterverwendet, mit denen hochauflösende, spektakuläre Bilder erzeugbar sind. Viele Stile von bekannten Künstlern können kopiert und zu etwas Neuem verwendet werden, Objekte können in ungewöhnlichen und spektakulären Bildern verwendet werden. Eine Begrenzung der darstellbaren Bilder durch den Datensatz, wie in H2 vermutet, tut sich nicht auf. Vielmehr scheinen auf natürliche Sprache trainierte Modelle dazu in der Lage zu sein, ungewöhnliche Aufgaben, für die sie gar nicht trainiert wurden, nach wenigen Versuchen mit Textprompts zu bewältigen und damit auch tatsächlich völlig neue Bilder zu generieren, die weit über den ursprünglichen Trainingsdatensatz hinaus gehen. Fragen nach den gesellschaftlichen Auswirkungen für Künstler sind offensichtlich. Auch das Image-Inpainting, mit dem realistisch auch Fotos bearbeitet werden können, stiftet Nutzen und birgt Gefahren. Angesichts des angestrebten Ziels, dass Bildgeneratoren Bildklassifizierer täuschen sollen, denn das ist Teil des Trainings, wirkt es geradezu komisch, wenn der Lösungsvorschlag gegen Fake-Bilder aus T2I für Ding et al. 2022 ein neurales Netzwerk zur Erkennung und Klassifikation von generierten Bildern sein soll[83].

Auf der anderen Seite ist das Textverständnis von neuralen Netzwerken wie CLIP, die zum Verständnis von Bildern in Bezug zum Text (um umgekehrt) beitragen sollen, deutlich geringer als die von Menschen. Beeindruckende Bilder werden teilweise von komplizierten Prompts, die sich ein Mensch ausdenken muss, generiert. Auch

---

[82] Vgl. Lee, Kim, Hur & Lim (2021, S. 64522).
[83] Vgl. Ding et al. (2022, S. 9).

hier wurde also ein Tool entwickelt, dessen Bedienung durch den Menschen erlernt werden muss. Somit verhält sich ein Text-zu-Bild-Generator eher wie ein stark abgekürztes Photoshop als eine Nachahmung menschlicher kognitiver Leistungen. Einen Generator, der das perfekte Bild auf Zuruf erstellt, gibt es noch nicht. Auch der kreative Vorgang, der dazu führt, dass beim Menschen der Wille zum Design eines bestimmten Bildes entsteht, ist erst Gegenstand von Untersuchungen. Kognitive Abläufe sollen dafür identifiziert werden[84]. Bis dahin bleibt der kreative Schaffensprozess aber in der Hand der Menschen.

6. Fazit

In dieser Hausarbeit wurden die technischen Grundlagen der aktuellen Text-zu-Bild-Generatoren besprochen und nachvollzogen. Dadurch wurde ein tiefergehendes Verständnis für generative neuronale Netzwerke geschaffen, die bei Beantwortung der Ausgangsfragestellung zu einer seriösen Beantwortung beitragen.

Weiterhin wurden Methoden zur Evaluation ergründet. Bisherige maschinelle Evaluationsmethoden haben teilweise erhebliche verzerrende Auswirkungen auf die Entwicklung von Text-zu-Bild-Generatoren, die dazu verleiten, die Endanwendbarkeit zu vernachlässigen. Maschinelle Evaluationsmethoden benötigen außerdem ein erhebliches Ausmaß an Stichproben und damit hohe Rechenleistung. Menschliche Evaluationsmethoden sind aber deutlich aufwendiger, da auch hier große Stichproben eingesetzt werden müssen. Geprägt sind diese, im Gegensatz zu den maschinellen Methoden, von schlechter Vergleichbarkeit.

In H1 wurde die Vermutung aufgestellt, dass Text-zu-Bild-Generatoren dazu in der Lage seien, eine Arbeit zu leisten, wie sie sonst nur von Fotografen oder Künstlern erstellt werden kann. Im Verlauf dieser Arbeit hat sich diese Vermutung weitestgehend bestätigt. Bildgeneratoren sind dazu in der Lage, hochwertige Bilder zu generieren, die in den meisten Benchmarks gut abschneiden. Die Grenzen dabei liegen mehr in einem geschickten Einsatz von Textprompts, womit auch hier wieder eine künstlerische Leistung durch einen Menschen vollbracht werden muss. Dies schränkt die Bestätigung dieser Hypothese etwas ein.

---

[84] Vgl. Liao, Hansen & Chai (2020, S. 537).

In H2 wurde die Frage gestellt, ob Text-zu-Bild-Generatoren durch ihren eigenen Datensatz begrenzt sein könnten und bestimmte Bilder demnach nicht darstellen könnten. Die Beschränkungen liegen aber viel mehr im Verständnis der Text-prompts. Diese Hypothese kann deshalb abgelehnt werden.[85]

Insgesamt sind moderne Text-zu-Bild-Generatoren wie DALL-E 2 und StableDiffu-sion leistungsstarke Werkzeuge, die mithilfe von Menschen sehr realistische und authentische, künstlerische Bilder erzeugen können.

5614 Wörter.

7. Literaturverzeichnis

Alcorn, M. A., Li, Q., Gong, Z., Wang, C., Mai, L., Ku, W.-S. et al. (2019). Strike (With) a Pose: Neural Networks Are Easily Fooled by Strange Poses of Familiar Objects. In *2019 IEEE/CVF Conference on Computer Vision and Pattern Recognition (CVPR)* (S. 4840–4849). Los Alamitos: IEEE Computer Society. https://doi.org/10.1109/CVPR.2019.00498

Borji, A. (2019). Pros and cons of GAN evaluation measures. *Computer Vision and Image Understanding, 179*, 41–65. https://doi.org/10.1016/j.cviu.2018.10.009

Chen, M., Radford, A., Child, R., Wu, J., Jun, H., Luan, D. et al. (2020). Generative Pretraining From Pixels. In H. D. III & A. Singh (Hrsg.), *Proceedings of the 37th International Conference on Machine Learning* (Proceedings of Machine Learning Research, Bd. 119, S. 1691–1703). PMLR. Verfügbar unter: https://proceedings.mlr.press/v119/chen20s.html

Chen, X., Duan, Y., Houthooft, R., Schulman, J., Sutskever, I. & Abbeel, P. (2016). InfoGAN: Interpretable Representation Learning by Information Maximizing Generative Adversarial Nets. In D. Lee, M. Sugiyama, U. Luxburg, I. Guyon & R. Garnett (Hrsg.), *Advances in Neural Information Processing Systems* (Bd. 29, S. 2180–2188). Curran Associates, Inc. Verfügbar unter: https://proceedings.neurips.cc/paper/2016/file/7c9d0b1f96aebd7b5eca8c3edaa19ebb-Paper.pdf

---

[85] Vgl. Liao et al. (2020).

Creswell, A., White, T., Dumoulin, V., Arulkumaran, K., Sengupta, B. & Bharath, A. A. (2018). Generative Adversarial Networks: An Overview. *IEEE Signal Processing Magazine, 35*(1), 53–65. https://doi.org/10.1109/MSP.2017.2765202

Ding, M., Yang, Z., Hong, W., Zheng, W., Zhou, C., Da Yin et al. (2021). CogView: Mastering Text-to-Image Generation via Transformers. In M. Ranzato, A. Beygelzimer, Y. Dauphin, P.S. Liang & J. Wortman Vaughan (Hrsg.), *Advances in Neural Information Processing Systems* (Bd. 34, S. 19822–19835). Curran Associates, Inc. Verfügbar unter: https://proceedings.neurips.cc/paper/2021/file/a4d92e2cd541fca87e4620aba658316d-Paper.pdf

Ding, M., Zheng, W., Hong, W. & Tang, J. (2022). *CogView2: Faster and Better Text-to-Image Generation via Hierarchical Transformers.* Verfügbar unter: https://arxiv.org/pdf/2204.14217

Frolov, S., Hinz, T., Raue, F., Hees, J. & Dengel, A. (2021). Adversarial text-to-image synthesis: A review. *Neural Networks : the Official Journal of the International Neural Network Society, 144*, 187–209. https://doi.org/10.1016/j.neunet.2021.07.019

Gigapixel AI. (o.J.). *Gigapixel AI,* Gigapixel AI. Zugriff am 19.08.2022. Verfügbar unter: https://www.topazlabs.com/gigapixel-ai

Goodfellow, I., Pouget-Abadie, J., Mirza, M., Xu, B., Warde-Farley, D., Ozair, S. et al. (2014). Generative Adversarial Nets. *Advances in Neural Information Processing Systems, 27.* Verfügbar unter: https://proceedings.neurips.cc/paper/5423-generative-adversarial-nets

Gu, S., Chen, D. [Dong], Bao, J., Wen, F., Zhang, B., Chen, D. [Dongdong] et al. (2022). Vector Quantized Diffusion Model for Text-to-Image Synthesis. In *Proceedings of the IEEE/CVF Conference on Computer Vision and Pattern Recognition (CVPR)* (S. 10696–10706).

Heusel, M., Ramsauer, H., Unterthiner, T., Nessler, B. & Hochreiter, S. (2017). GANs Trained by a Two Time-Scale Update Rule Converge to a Local Nash Equilibrium. In I. Guyon, U. Von Luxburg, S. Bengio, H. Wallach, R. Fergus, S. Vishwanathan et al. (Hrsg.), *Advances in Neural Information Processing Systems* (Bd. 30, 6626–6637). Curran Associates, Inc. Verfügbar unter: https://proceedings.neurips.cc/paper/2017/file/8a1d694707eb0fefe65871369074926d-Paper.pdf

Hinz, T., Heinrich, S. & Wermter, S. (2022). Semantic Object Accuracy for Generative Text-to-Image Synthesis. *IEEE Transactions on Pattern Analysis and Machine Intelligence, 44*(3), 1552–1565.
https://doi.org/10.1109/TPAMI.2020.3021209

IDC: The premier global market intelligence company. (2022). *Investment in Artificial Intelligence Solutions Will Accelerate as Businesses Seek Insights, Efficiency, and Innovation, According to a New IDC Spending Guide.* Zugriff am 19.08.2022. Verfügbar unter: https://www.idc.com/getdoc.jsp?containerId=prUS48191221

Kleesiek, J., Murray, J. M., Strack, C., Kaissis, G. & Braren, R. (2020). Wie funktioniert maschinelles Lernen? *Der Radiologe* [A primer on machine learning], *60*(1), 24–31. https://doi.org/10.1007/s00117-019-00616-x

Ledig, C., Theis, L., Huszar, F., Caballero, J., Cunningham, A., Acosta, A. et al. Photo-Realistic Single Image Super-Resolution Using a Generative Adversarial Network. In *2017 IEEE Conference on Computer Vision and Pattern Recognition (CVPR)* (S. 4681–4690). https://doi.org/10.1109/CVPR.2017.19

Lee, H. [Hyunhee], Kim, G., Hur, Y. & Lim, H. (2021). Visual Thinking of Neural Networks: Interactive Text to Image Synthesis. *IEEE Access, 9*, 64510–64523. https://doi.org/10.1109/ACCESS.2021.3074973

Liao, J., Hansen, P. & Chai, C. (2020). A framework of artificial intelligence augmented design support. *Human–Computer Interaction, 35*(5-6), 511–544. https://doi.org/10.1080/07370024.2020.1733576

Marcus, G., Davis, E. & Aaronson, S. (2022). *A very preliminary analysis of DALL-E 2.* https://doi.org/10.48550/arXiv.2204.13807

Midjourney. (2022). *Understanding Image Size,* Midjourney. Zugriff am 28.08.2022. Verfügbar unter: https://midjourney.gitbook.io/docs/resource-links/guide-to-prompting

Mirza, M. & Osindero, S. (2014). *Conditional Generative Adversarial Nets.* Verfügbar unter: https://arxiv.org/pdf/1411.1784

Mokhayeri, F., Kamali, K. & Granger, E. (2020). Cross-Domain Face Synthesis using a Controllable GAN. In *2020 IEEE Winter Conference on Applications of Computer Vision (WACV)* (S. 241–249).
https://doi.org/10.1109/WACV45572.2020.9093275

Nichol, A. Q., Dhariwal, P., Ramesh, A., Shyam, P., Mishkin, P., Mcgrew, B. et al. (2022). GLIDE: Towards Photorealistic Image Generation and Editing with Text-Guided Diffusion Models. In K. Chaudhuri, S. Jegelka, Le Song, C. Szepesvari, G. Niu & S. Sabato (Hrsg.), *Proceedings of the 39th International Conference on Machine Learning* (Proceedings of Machine Learning Research, Bd. 162, S. 16784–16804). PMLR. Verfügbar unter: https://procee-dings.mlr.press/v162/nichol22a.html

OpenAI. (2021). *CLIP: Connecting Text and Images.* Zugriff am 25.08.2022. Verfügbar unter: https://openai.com/blog/clip/

Pearson, J. (2019). The human imagination: the cognitive neuroscience of visual mental imagery. *Nature Reviews Neuroscience, 20*(10), 624–634. https://doi.org/10.1038/s41583-019-0202-9

Radford, A., Kim, J. W., Hallacy, C., Ramesh, A., Goh, G., Agarwal, S. et al. (2021). Learning Transferable Visual Models From Natural Language Supervision. In M. Meila & T. Zhang (Hrsg.), *Proceedings of the 38th International Conference on Machine Learning* (Proceedings of Machine Learning Research, Bd. 139, S. 8748–8763). PMLR. Verfügbar unter: https://proceedings.mlr.press/v139/rad-ford21a.html

Radford, A., Wu, J., Child, R., Luan, D., Amodei, D. & Sutskever, I.. Language Models are Unsupervised Multitask Learners. Zugriff am 28.08.2022. Verfügbar unter: https://cdn.openai.com/better-language-models/language_models_are_un-supervised_multitask_learners.pdf

Ramesh, A., Dhariwal, P., Nichol, A., Chu, C. & Chen, M. (2022). *Hierarchical Text-Conditional Image Generation with CLIP Latents.* Verfügbar unter: https://ar-xiv.org/pdf/2204.06125

Ramesh, A., Pavlov, M., Goh, G., Gray, S., Voss, C., Radford, A. et al. (2021). Zero-Shot Text-to-Image Generation. In M. Meila & T. Zhang (Hrsg.), *Proceedings of the 38th International Conference on Machine Learning* (Proceedings of Machine Learning Research, Bd. 139, S. 8821–8831). PMLR. Verfügbar unter: https://proceedings.mlr.press/v139/ramesh21a.html

Reed, S., Akata, Z., Yan, X., Logeswaran, L., Schiele, B. & Lee, H. [Honglak] (2016). Generative Adversarial Text to Image Synthesis. In M. F. Balcan & K. Q. Weinberger (Hrsg.), *Proceedings of The 33rd International Conference on*

Machine Learning (Proceedings of Machine Learning Research, Bd. 48, S. 1060–1069). New York, New York, USA: PMLR. Verfügbar unter: https://proceedings.mlr.press/v48/reed16.html

Rombach, R., Blattmann, A., Lorenz, D., Esser, P. & Ommer, B. (2022). High-Resolution Image Synthesis With Latent Diffusion Models. In *Proceedings of the IEEE/CVF Conference on Computer Vision and Pattern Recognition (CVPR)* (S. 10684–10695).

Salimans, T., Goodfellow, I., Zaremba, W., Cheung, V., Radford, A. & Chen, C. [Chi]. Improved techniques for training gans. In *NIPS'16: Proceedings of the 30th International Conference on Neural Information Processing Systems* (S. 2234–2242). https://doi.org/10.5555/3157096.3157346

Thrush, T., Jiang, R., Bartolo, M., Singh, A. [Amanpreet], Williams, A., Kiela, D. et al. (2022). Winoground: Probing Vision and Language Models for Visio-Linguistic Compositionality. In *Proceedings of the IEEE/CVF Conference on Computer Vision and Pattern Recognition (CVPR)* (S. 5238–5248).

Van den Oord, A., Vinyals, O. & Kavukcuoglu, K. (2017). Neural Discrete Representation Learning. In I. Guyon, U. Von Luxburg, S. Bengio, H. Wallach, R. Fergus, S. Vishwanathan et al. (Hrsg.), *Advances in Neural Information Processing Systems* (Bd. 30, S. 6309–6318). Curran Associates, Inc. https://doi.org/10.5555/3295222.3295378

Weng, L. (2021). *What are Diffusion Models?* Zugriff am 26.08.2022. Verfügbar unter: https://lilianweng.github.io/posts/2021-07-11-diffusion-models/

Xu, T., Zhang, P., Huang, Q., Zhang, H., Gan, Z., Huang, X. et al. (2018). AttnGAN: Fine-Grained Text to Image Generation with Attentional Generative Adversarial Networks. In *2018 IEEE/CVF Conference on Computer Vision and Pattern Recognition (CVPR 2018)* (S. 1316–1324). Piscataway, NJ: IEEE. https://doi.org/10.1109/CVPR.2018.00143

Yu, W., Zhang, X., Zhang, Y., Zhang, Z. [Zhiqiang] & Zhou, J. (2021). Blind Image Quality Assessment for a Single Image From Text-to-Image Synthesis. *IEEE Access, 9*, 94656–94667. https://doi.org/10.1109/ACCESS.2021.3094048

Zhang, H., Xu, T., Li, H., Zhang, S., Wang, X., Huang, X. et al. (2019). Stack-GAN++: Realistic Image Synthesis with Stacked Generative Adversarial

Networks. *IEEE Transactions on Pattern Analysis and Machine Intelligence, 41*(8), 1947–1962. https://doi.org/10.1109/TPAMI.2018.2856256

Zhang, Z. [Zizhao], Xie, Y. & Yang, L. (2018). Photographic Text-to-Image Synthesis with a Hierarchically-Nested Adversarial Network. In *2018 IEEE/CVF Conference on Computer Vision and Pattern Recognition (CVPR 2018)* (S. 6199–6208). Piscataway, NJ: IEEE. https://doi.org/10.1109/CVPR.2018.00649

Zhou, S., Gordon, M. L., Krishna, R., Narcomey, A., Fei-Fei, L. F. & Bernstein, M. (2019). HYPE: A Benchmark for Human eYe Perceptual Evaluation of Generative Models. In Hanna M. Wallach, Hugo Larochelle, Alina Beygelzimer, Florence d'Alché-Buc, Edward A. Fox & Roman Garnett (Hrsg.), *Advances in Neural Information Processing Systems 32: Annual Conference on Neural Information Processing Systems 2019, NeurIPS 2019, 8-14 December 2019, Vancouver, BC, Canada* (S. 3444–3456). https://doi.org/10.5555/3454287.3454597

Zhou, Y., Zhang, R., Chen, C. [Changyou], Li, C., Tensmeyer, C., Yu, T. et al. LAFITE: Towards Language-Free Training for Text-to-Image Generation. In *Proceedings of the IEEE/CVF Conference on Computer Vision and Pattern Recogni-tion (CVPR)* (S. 17907–17917). https://doi.org/10.48550/arXiv.2111.13792

Zhu, J., Li, Z., Wei, J. & Ma, H. (2022). PBGN: Phased Bidirectional Generation Network in Text-to-Image Synthesis. *Neural Processing Letters*. https://doi.org/10.1007/s11063-022-10866-x